A PROPOS

DU PROJET DE LOI

SUR LA PRESSE

Par F. JONCIÈRES

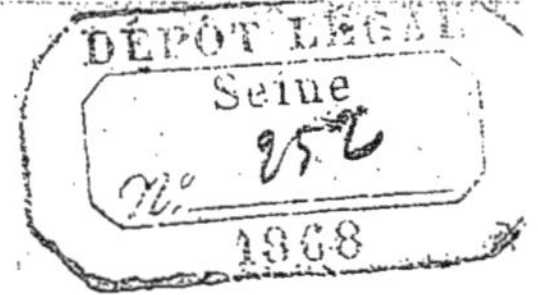

PARIS

E. DENTU, LIBRAIRE-ÉDITEUR

PALAIS-ROYAL, 17 ET 19, GALERIE D'ORLÉANS

—

1868

A PROPOS

DU PROJET DE LOI

SUR LA PRESSE

Le Corps législatif est à la veille de discuter le projet de loi sur la presse que le gouvernement lui a présenté, en exécution de la promesse contenue dans la lettre impériale du 19 janvier. Ce projet touche trop vivement tous les journalistes, à quelque opinion qu'ils appartiennent, pour que les plus humbles même et les plus obscurs puissent craindre d'exprimer avec franchise leur sentiment. Il s'agit de notre cause, il y va de nos intérêts, et le moindre témoignage doit être écouté lorsqu'il est loyal, exempt de toute passion.

I

Le trait caractéristique du nouveau projet de loi, c'est la substitution complète du régime légal au contrôle administratif sous lequel les journaux ont vécu depuis le décret du 17 février 1852.

Né de circonstances et de nécessités politiques que tout le monde connaît, ce décret, de l'aveu même du gouvernement, a traité la presse en mineure. Dans le remarquable Exposé des motifs qui précède le projet de loi, l'honorable rapporteur du conseil d'État, M. Pinard, aujourd'hui Ministre de l'intérieur, rappelant l'économie du décret de 1852, compare la position qu'il a faite au gouvernement vis-à-vis de la presse à celle d'un tuteur. Cette *forte tutelle* (1) aujourd'hui disparaît : le gouvernement a jugé que le moment était venu de s'en décharger. Peut-être prétendra-t-on qu'en l'abandonnant il donne encore à la presse un conseil judiciaire. Quant à moi, j'accepte le projet comme un progrès réel, comme un signe de l'apaisement des esprits, et je l'accepterai avec une satisfaction plus vive encore s'il subit deux modifications importantes : l'une sur laquelle l'Exposé des motifs et le Rapport de la commission gardent également le silence ; l'autre qu'ils repoussent d'un commun accord.

Au reste, s'il est vrai de dire que le gouvernement s'est médiocrement préoccupé de l'intérêt de la presse en s'attribuant la tutelle du journalisme et que dans cette prise de possession il a consulté un intérêt plus élevé, il serait injuste de méconnaître la modération dont la plupart de ses actes ont été empreints. Toute *pupille malgré elle* qu'elle ait été pendant près de quinze ans, la presse ne doit pas faire difficulté de convenir que le régime inauguré en 1852, très-rigide en principe, se relâchait assez volontiers dans l'appli-

(1) Exposé des motifs.

cation. Il y avait avec lui des accommodements. C'est que l'arbitraire, même lorsqu'il est jugé nécessaire, est toujours tempéré par la responsabilité que lui impose l'état de nos mœurs publiques.

Les ministres qui se sont succédé au département de l'Intérieur et les fonctionnaires placés à la tête de la direction de la presse ont su comprendre, à leur honneur, cette responsabilité. Le décret du 17 février 1852 armait de toutes pièces le gouvernement contre les journaux : je ne veux certainement pas soutenir qu'il en a été de ces armes multiples comme de ces panoplies inoffensives destinées à la décoration des musées, mais le gouvernement s'en est servi dans presque toutes les circonstances avec prudence et discrétion.

Je n'ai garde cependant d'oublier les peines quelquefois sévères prononcées administrativement contre plusieurs feuilles politiques ; ce n'est jamais sans un sentiment de regret que je les ai vu appliquer ; car, si elles frappaient des opinions opposées aux miennes, elles frappaient aussi des confrères. Mais les défenseurs de la politique gouvernementale n'ont pas été eux-mêmes épargnés, et, pour ne citer que *le Constitutionnel* et *la Patrie,* ils ont appris à plusieurs reprises que ni le zèle ni le dévouement ne mettaient à l'abri des *avertissements.*

Veut-on une preuve remarquable des ménagements apportés par l'administration dans l'exercice de son autorité ?

On sait que depuis la lettre de l'Empereur, c'est-à-dire depuis le commencement de l'année dernière, le Ministre de l'intérieur, considérant le décret de 1852 comme lettre morte, n'en a retenu que deux dispositions, celle qui concerne les demandes en autorisation qu'il ne pouvait abandonner avant l'adoption du nouveau projet, et celle qui s'applique aux *communiqués*, cette utile innovation dont personne ne saurait contester le caractère équitable. Le pouvoir administratif s'est complétement abstenu pour laisser le pouvoir judiciaire agir seul. Eh bien, qu'est-il arrivé? L'*Exposé de la situation de l'Empire*, publié récemment, constate que, du 1er janvier 1867 au 31 octobre, les tribunaux ont prononcé contre les journaux vingt-huit condamnations. Pendant les mois de novembre et de décembre, quatorze nouveaux jugements sont intervenus, ce qui porte à quarante-deux le nombre des condamnations judiciaires pour toute l'année. Comparez ce résultat à ceux des années précédentes : en 1866, la presse a subi trente-deux condamnations et vingt-six seulement en 1865 (1).

Comment expliquer cette différence assez notable? Les excès de la presse ont-ils été plus nombreux et plus graves en 1867? La presse serait-elle devenue plus agressive après la promesse de l'Empereur et la présentation du projet de loi qui en est la réalisation? Aurait-elle été assez mal inspirée pour redoubler la vivacité de ses attaques avant même la discussion de ce projet, au risque d'en compromettre le sort par

(1) Il faut ajouter, il est vrai, aux condamnations prononcées par les tribunaux pendant les années 1866 et 1865, les avertissements donnés par l'administration ; mais on sait que l'avertissement était plutôt une menace qu'une peine.

une témérité inexcusable? Cette faute, la presse ne l'a
pas commise. Il est inutile de rechercher si elle a
montré plus de modération, il suffit qu'elle n'ait pas
montré plus d'hostilité. Elle est restée ce qu'elle était,
elle n'a pas changé : mais ce qui a changé, c'est la situation.

Il y avait pour la presse deux juridictions : l'une à
laquelle il était permis d'être tolérante, parce que, repré-
sentant une autorité discrétionnaire, elle pouvait beaucoup se permettre; l'autre plus rigide, parce que, repré-
sentant la justice, elle est forcée de se mouvoir dans
des limites certaines. Jusqu'en 1867, la presse a eu
plus particulièrement affaire à la première; depuis, les
journaux ont passé de fait sous l'empire de la seconde.
Voilà l'explication, la seule réelle, la seule vraie, de
l'excédant des condamnations judiciaires prononcées
dans le cours de l'année qui vient de finir. On peut
s'entendre avec les hommes, mais il n'y a pas de com-
promis avec la loi : aussi tel péché, réputé véniel en 1865
et en 1866, a-t-il été jugé mortel en 1867.

II

Je comprends néanmoins que, malgré cetté inégalité
de traitement, on préfère l'établissement d'un régime
unique, stable, défini, celui de la loi, à l'exercice du

contrôle administratif, quelque bien intentionné qu'il soit; car les hommes passent, les intentions se modifient, tandis que la loi garde son caractère immuable. Avec elle on sait jusqu'où l'on peut aller, ce qui est permis et ce qui ne l'est pas. La dépendance, même étroite, qu'elle impose est plus facile à supporter que celle dont les rênes, tantôt flottantes et tantôt serrées, obéissent aux mouvements et aux inspirations variés des ministres qui se succèdent au département de l'Intérieur.

Pour ne citer ici que la disposition du décret de 1852 concernant les demandes en autorisation, pourquoi ces demandes trouvaient-elles un accueil plus favorable sous tel ministre que sous tel autre? Objectera-t-on que l'opinion connue du solliciteur était la seule cause déterminante en cette matière? Ce serait une erreur. Plus d'une demande présentée par des amis du gouvernement a été gracieusement éconduite, et la plupart des autorisations accordées dans ces dernières années l'ont été à des journaux de l'opposition. Sans aucun doute les décisions, dans quelque sens qu'elles aient été prises, n'ont jamais été le résultat d'un caprice, mais les ministres se laissaient guider par des sentiments tout personnels, les uns voyant un embarras ou un danger où les autres n'en voyaient aucun, et la question pour un journal d'être ou de n'être pas dépendait uniquement de la mobilité des impressions ministérielles.

Dieu merci! le nouveau projet de loi délivre la presse de cette sujétion, la plus dure de toutes celles du décret de 1852, et la plus inutile, selon moi, au gouvernement. Je n'ai en effet jamais bien compris dans quel intérêt il s'était réservé la faculté d'autoriser ou non la création de nouvelles feuilles périodiques. S'il a pensé qu'il aurait mieux les journaux sous la main en limitant leur nombre, il s'est trompé. Pour atteindre ce but, il aurait fallu qu'il pût, chose impossible, limiter le nombre de leurs lecteurs. Il n'a fait que créer un monopole en faveur des feuilles politiques existantes lors de la promulgation du décret; monopole fâcheux pour la presse et préjudiciable aux écrivains, comme il est facile de le démontrer.

Il n'y a qu'une certaine masse de personnes qui lisent les journaux politiques, et, malgré les progrès de l'instruction en France, cette masse, sauf dans les temps d'agitation et de crise, n'augmente pas d'une manière sensible. On lit peu dans les campagnes : la lecture des feuilles politiques est à peu près nulle dans les petites localités, c'est-à-dire dans les plus nombreuses. En créant *le Moniteur des communes*, l'administration s'était flattée de changer ces habitudes. Expédié gratis, affiché à la porte de toutes les mairies, ce journal devait, dans la pensée de ses fondateurs, exciter la curiosité et l'intérêt des habitants des campagnes. Il n'en a rien été. *Le Moniteur des communes* n'a guère pour lecteurs assidus que le maire et l'instituteur. L'abaissement du prix du *Moniteur universel* et du *Moniteur du soir* a procuré, il est vrai, de nombreux abonnés à ces deux feuilles, mais la plupart de ces abonnés lisent ou lisaient d'autres journaux.

En somme, on peut dire que l'apparition d'un nouveau journal n'a pas pour résultat de créer des lecteurs, mais plutôt de les déplacer.

Ceci posé, quel avantage le gouvernement a-t-il trouvé à restreindre le nombre des organes de publicité? Peut-être a-t-il rendu sa surveillance plus facile, mais, par contre, en concentrant la masse totale des lecteurs sur un nombre limité de journaux, il a donné à ceux-ci une puissance à laquelle ils n'auraient pu parvenir avec la libre concurrence. Il en a fait autant de places fortes de l'opinion, bien approvisionnées et pourvues de garnisons considérables. Sans doute il avait, le cas échéant, des moyens extraordinaires à sa disposition pour les réduire. Mais, outre que l'emploi de pareils moyens peut toujours faire hésiter, le coup qu'il fallait frapper devait avoir d'autant plus de retentissement qu'il était dirigé contre une force plus imposante. Imaginez l'émotion qu'aurait causée en France la suppression du *Siècle,* alors qu'il avait plus de 65,000 abonnés et *un million de lecteurs !* Combien d'intérêts auraient été atteints, et je ne parle pas ici seulement des intérêts matériels, déjà si considérables, mais des intérêts moraux, qui le sont encore davantage. Les lecteurs d'un journal constituent en effet pour lui une sorte de clientèle, non dans l'acception mercantile et dégénérée de ce mot, mais dans son acception primitive, et ils ne sauraient jamais être indifférents aux épreuves qu'il traverse ni aux peines qu'il subit. A coup sûr, il eût beaucoup mieux valu pour le gouvernement disperser les forces du journalisme, car tout journal nouveau ne se fonde guère qu'aux dépens des journanx qui existent, et plus il y a de journaux, moins chacun d'eux possède d'influence.

Une autre considération aurait dû engager le gouvernement à faire en 1852 ce qu'il juge bon de faire en 1867. Parmi ses ennemis comme parmi ses amis, il existe des nuances assez distinctes. Tous ses adversaires ne le sont pas au même degré : il y a certains côtés par lesquels il ne déplaît pas à un certain nombre d'entre eux. Tous ses partisans ne l'approuvent pas quand même : il s'en trouve qui ne tombent pas d'accord avec lui sur plus d'une question. Empêcher la création de nouvelles feuilles politiques, n'était-ce pas empêcher la manifestation de ces opinions intermédiaires qui contre-balancent le blâme systématique et l'éloge systématique, presque aussi dangereux? Le gouvernement avait donc tout intérêt à laisser ces opinions se produire librement par la voie des journaux, car il aurait pu trouver dans leur développement, sinon des enseignements, — la presse a maintenant des prétentions plus modestes, — du moins d'utiles indications.

Ajoutez à cela que la limitation du nombre des journaux limitait nécessairement le nombre des journalistes. Aussi la presse politique a-t-elle vu bien peu de talents nouveaux se révéler depuis le décret de 1852. C'est vers la presse littéraire, dont les portes s'ouvraient pour eux à deux battants, que la plupart des jeunes écrivains ont été refoulés : c'est dans ce qu'on est convenu d'appeler la petite presse qu'ils sont allés dépenser et quelquefois gaspiller leur verve, leur esprit, leur ardeur, enfin toutes les qualités précieuses qui, mieux disciplinées, auraient servi à renouveler et à vivifier le journalisme politique.

Il est inutile d'insister davantage sur les inconvénients de cet état de choses, puisque le projet de loi le supprime complétement. Au reste, il est permis de penser que l'administration elle-même avait reconnu une partie de ces inconvénients, si l'on en juge par les autorisations assez nombreuses qu'elle a délivrées sans distinction d'opinion, depuis quatre ou cinq ans, et qui ont profité non à des spéculateurs ou à des hommes d'affaires, mais à de véritables écrivains, à MM. Guéroult, Nefftzer, Peyrat et Émile de Girardin.

III.

Mais il est une autre prescription onéreuse que je voudrais voir disparaître, et à laquelle le gouvernement pourrait d'autant mieux renoncer qu'il n'en est pas l'auteur.

Il s'agit de l'obligation de la signature.

Cette innovation regrettable dans les mœurs du journalisme est, comme on le sait, antérieure au décret de 1852 : c'est la loi du 16 juillet 1850 qui l'a créée. Mise en avant par M. Ledru-Rollin, lors de la discussion du décret général sur la presse en 1848, elle avait été écartée par l'Assemblée constituante. Proposée deux ans plus tard par M. de Tinguy, lors de la discussion du projet de loi spécial au cautionnement et au timbre, elle fut accueillie par l'Assemblée législative. Toutefois son adoption n'eut lieu qu'à une majorité peu considérable : 313 voix contre 281. Une partie de l'extrême gauche se prononça en sa faveur, tandis que l'autre la repoussa. La même division se fit remarquer dans les rangs du parti conservateur, où l'amendement-Tinguy rencontra pour adversaires, outre le rapporteur, M. de Chasseloup-Laubat, MM. Heurtier, de Kératry et de Larochejaquelein. Aucun membre du gouvernement ne réclama la parole pour l'appuyer.

Ces circonstances sont bonnes à rappeler, car elles prouvent que la mesure votée au milieu de tant d'indécision par l'Assemblée législative était loin d'avoir ce caractère évident d'utilité qui entraîne les convictions.

Au dire de ses partisans, elle devait moraliser la presse en forçant l'écrivain engagé par sa responsabilité personnelle à plus de circonspection et en empêchant les diffamations et les calomnies qui se cachent sous le voile de l'anonyme.

L'expérience est faite aujourd'hui, une longue expérience ; le but qu'on se proposait a-t-il été atteint et pouvait-il l'être ?

Avec un peu de réflexion, il est facile de se convaincre que l'obligation de la signature tend plutôt à favoriser les écarts du journalisme qu'à les restreindre. Avant la loi de 1850, tout article publié dans une feuille politique représentait une opinion collective : il engageait la responsabilité morale de toute la rédaction. L'écrivain devait s'effacer pour laisser parler le journal. Il n'exprimait pas une pensée individuelle : il était avant tout l'interprète d'une pensée commune. Il y avait dès lors nécessité pour lui de s'observer et de se surveiller constamment. La solidarité était un frein : elle faisait hésiter la plume, elle la rendait plus prudente et plus retenue.

En créant la responsabilité personnelle, l'obligation de la signature a sinon brisé, du moins singulièrement relâché les liens de cette solidarité, l'honneur et la force du journalisme politique. La responsabilité individuelle a pour résultat inévitable de diminuer la responsabilité collective. L'écrivain a moins à se préoccuper de cette dernière lorsqu'il parle en son propre nom. Engagé de sa personne, il est disposé à oser davantage : sa pensée est pour ainsi dire plus en jeu; il n'a pas les mêmes ménagements à garder. Sa signature le met en scène, lui donne un rôle particulier, et il peut facilement se laisser aller à en forcer l'expression. Quelquefois même le désir de se distinguer l'entraînera à des imprudences et à des témérités de langage qu'un sentiment plus complet de la responsabilité collective lui aurait fait éviter. N'oublions pas d'ailleurs qu'il est directement en butte aux critiques et aux attaques dont le journal seul était autrefois le point de mire. La polémique s'envenime et devient plus aigre : ce ne sont plus les opinions qui se discutent, ce sont les écrivains qui se combattent, et la dignité de la presse risque d'être compromise dans ces luttes toutes personnelles.

Peut-on soutenir du moins que l'obligation de la signature rend impossible le métier de ces bravi littéraires qui s'embusquent dans un journal pour lancer la calomnie et la diffamation? S'il se rencontre dans les bas-fonds du journalisme des hommes qui déshonorent ainsi leur plume, ceux-là heureusement en bien petit nombre, la commune renommée les a toujours désignés suffisamment. Pour moi, qui depuis de longues années appartiens à la presse, je n'ai jamais rencontré un seul écrivain qui ne fût prêt à accepter la responsabilité complète de ses écrits. Qu'on cite donc les cas où les journalistes, à la première sommation de la partie intéressée, ne se soient fait un point d'honneur d'écarter ce voile, souvent si transparent, de l'anonyme? N'a-t-on pas même vu des rédacteurs que couvrait le gérant aller au-devant des réclamations et revendiquer spontanément la responsabilité de tel ou tel article? Les procès en diffamation sont-ils d'ailleurs moins fréquents qu'autrefois?

C'est donc une erreur de croire que l'obligation de la signature puisse servir, comme on le disait, non sans un peu d'emphase, à moraliser la presse. Elle ne crée aucune garantie nouvelle pour la société, mais elle a créé de nouvelles contraventions pour les journaux.
Voilà toute la moralisation!

IV

Et cependant ce n'est pas là la conséquence la plus fâcheuse des dispositions introduites un peu à l'improviste dans la loi du 16 juillet 1850. L'obligation, j'allais presque dire la tyrannie, de la signature a sensiblement modifié, comme on le craignait, les conditions générales du journalisme : elle en a altéré le caractère et l'esprit en y faisant prévaloir la personnalité. De même que depuis la Constitution il n'y a plus de ministères, mais des ministres, depuis la loi de 1850 il n'y a plus de journaux, mais des journalistes. Autrefois le journal s'appelait légion : aujourd'hui il s'appelle Émile de Girardin, de la Guéronnière, Guéroult, Havin, Peyrat, Nefftzer, etc. Et cela est si vrai que dans la polémique on désigne telle ou telle feuille par le nom de son directeur ou de son rédacteur en chef. L'autorité individuelle des écrivains s'est substituée à l'autorité collective des journaux. On continue bien encore d'employer, par suite d'une vieille habitude, la locution *nous*, mais c'est le *je* qui s'affirme dans presque tous les articles ;

Je vois, je sais, je crois.....

Du reste, si le *nous* traditionnel survit encore comme

une épave du passé, quelques rédacteurs semblent prendre à tâche de s'en affranchir en mettant le plus qu'ils peuvent leur personnalité en relief. C'est ainsi que de temps à autre on voit s'étaler pompeusement à la première page des journaux des articles imprimés en caractères interlignés, quelquefois même découpés en strophes, et au bas desquels se détache en grosses lettres la signature de leur auteur. Cela a grand air et cela surtout attire l'œil des lecteurs. Autrefois on réservait tout ce cérémonial typographique pour les grandes occasions, lorsque les journaux ouvraient leurs colonnes à quelque hôte illustre. Maintenant on se fait les honneurs de sa propre maison. On se donne soi-même les violons.

Loin de moi certainement la pensée de critiquer ces pratiques, bien que ceux qui s'en servent puissent par leur talent aisément s'en passer. Je ne fais que les constater comme une conséquence de la signature obligatoire : vous demandez l'écrivain, vous réclamez sa personne, vous exigez qu'il sorte des rangs, n'est-il pas dès lors assez naturel qu'il cherche à paraître, comme on dit, le plus à son avantage, qu'il fasse des frais de toilette et qu'il revête la grande tenue ?

Toutefois, malgré cette prédominance de l'individualité, le caractère collectif est tellement de l'essence du journal, qu'il n'a pu être complétement absorbé. A travers cette multiplicité de signatures dont chaque journal est bariolé, le besoin d'une raison sociale encore fait sentir, et l'on a vu bientôt paraître un personnage jusqu'alors inconnu, *le secrétaire de la rédaction.*

Qu'est-ce que le secrétaire de la rédaction ? C'est un peu le parent de l'ancien gérant ; il représente en partie l'être moral que le gérant représentait dans son ensemble. Ses attributions sont celles d'un fondé de pouvoirs. A côté des rédacteurs, dont la personnalité s'accuse plus ou moins dans le journal, il personnifie le journal même. Comme son titre l'indique, il est la rédaction. Aussi ne faut-il pas s'étonner du nombre des questions qu'il aborde et de la variété inimaginable de style qu'il déploie en les traitant. Du simple entrefilet il s'élève sans effort au premier-Paris, tantôt grave, tantôt railleur, mais toujours dispos. Il est politique, il est financier, il est économiste. Que ne sait-il pas ? Et que de choses curieuses et quelquefois piquantes il pourrait révéler, si la première qualité d'un secrétaire n'était pas la discrétion !

Je ne crains pas beaucoup d'encourir le reproche de délation en disant que les dispositions de la loi de 1850 sont fréquemment éludées ou violées. C'est un peu le secret de tout le monde. L'administration elle-même n'est pas probablement sans s'en douter. L'Exposé des motifs du nouveau projet de loi ne se fait aucune illusion à cet égard, et le Rapport de la commission se montre tout aussi sceptique (1). Quelle est donc la raison de maintenir des prescriptions qu'on sait

(1) Frapper le délit de presse de la peine corporelle, c'est n'atteindre souvent qu'un gérant fictif, qu'un *signataire apparent*, et les responsabilités légales, qui s'appliquent en dehors des responsabilités morales, ont le double tort de sembler injustes et de rester inefficaces. (*Exposé des motifs.*)

... Il suffit d'avoir un prête-nom qui signe un article et alors la condamnation porte à faux et l'auteur n'est pas atteint. (*Rapport de la commission.*)

en partie inexécutées, parce qu'elles sont inexécutables? Je me souviens que, dans les premiers mois de la mise en vigueur de la loi de 1850, un des hommes dont la presse politique regrette le plus la perte, M. Armand Bertin, excellent directeur de journal, d'un goût très-sûr, d'un très-bon conseil, mais de qui on n'aurait pu dire tout à fait : *consilio manuque*, car il ne mettait pas volontiers la main à la plume, signait la plupart des articles du *Journal des Débats*, même les plus indifférents. Il est tel numéro qui ne contient guère que sa signature : jamais on ne lui avait connu une pareille fécondité. Si tous les directeurs avaient imité cette malicieuse protestation, comment aurait-on pu assurer l'exécution de la loi? On aurait eu beau multiplier les enquêtes, aucune certainement n'aurait abouti. Le seul moyen de constater la sincérité des signatures, c'eût été d'établir des garnisaires à demeure dans chaque bureau de rédaction. Et ce moyen même n'eût pas toujours été efficace. Dans tout article politique, il y a en effet toujours un peu de collaboration. Sans parler du sujet, qui est souvent concerté entre tous les rédacteurs, telle observation a été inspirée par l'un, tel mot ajouté par l'autre. La part la plus grande revient sans doute à l'écrivain qui a rédigé l'article, mais ne peut-il arriver que la pensée, la phrase ou même l'expression qui donnera lieu aux poursuites ne lui appartienne pas en propre? Et c'est lui cependant qui sera responsable devant la loi!

V

Je n'ignore pas que parmi les journalistes la signature compte quelques partisans, entre autres M. Émile de Girardin, qui cependant en a moins besoin que personne. C'est, prétendent-ils, un moyen de se produire, c'est une satisfaction donnée à l'amour-propre dans ce qu'il a de plus légitime.

Examinons.

On m'accordera sans peine qu'il y a des écrivains, et je me rangerai, si l'on veut, dans ce nombre, qui signeraient pendant toute leur vie, sans être pour cela plus connus. Leur nom apposé au bas d'un article ne se grave pas plus dans la mémoire que celui qu'on lit machinalement sur une enseigne en passant dans la rue.

On ne peut contester davantage que l'absence de signature n'a jamais empêché le talent de percer dans les journaux, et que, pour arriver moins vite peut-être à la renommée, on y arrivait autrefois plus sûrement.

Est-ce que par hasard M. Thiers, Armand Carrel et Armand Marrast, qui ne signaient pas dans *le National*, est-ce que Chatelain et plus tard Léon Faucher, qui ne signaient pas dans *le Courrier français*, est-ce que Jouy, Étienne, etc., manquaient de notoriété comme journalistes? Est-ce que MM. de Sacy, Saint-Marc Girardin,

John Lemoinne, sont aujourd'hui plus connus qu'à l'époque où ils ne signaient pas dans *les Débats?* Est-ce que l'amendement-Tinguy a tiré de l'obscurité M. Louis Veuillot et M. Granier de Cassagnac? Est-ce qu'enfin MM. Peyrat, Guéroult, Limayrac, Cucheval-Clarigny et bien d'autres que je pourrais citer doivent leur réputation à ce bienheureux amendement?

Si, depuis la loi de 1850, quelques journalistes se sont fait connaître, ce n'est pas assurément par la toute-puissance de la signature, mais bien par leur seul mérite. Croyez-vous que M. Prévost-Paradol, avant l'adoption de cette loi, aurait gardé longtemps l'incognito dans le *Journal des Débats?* Qu'on me donne dix lignes non signées de M. Saint-Marc Girardin ou de M. Veuillot, ou de M. Paulin Limayrac, ou de M. Granier de Cassagnac, et je ne serai pas embarrassé de savoir à qui j'ai affaire. L'anonyme dans le journalisme, qu'on en soit bien convaincu, n'existe réellement que pour ceux qui sont incapables de se faire un nom. L'obligation de la signature serait supprimée demain qu'on distinguerait toujours dans *l'Avenir national* la plume de M. Peyrat, dans *l'Opinion* celle de M. Guéroult, dans *la Presse* celle de M. Cucheval-Clarigny, dans *l'Étendard* celle de M. Vitu, dans *le Siècle* celle de MM. Léon Plée et de la Bédollière. Je pourrais prolonger cette énumération, je la termine par un exemple qui doit paraître décisif. Voyez ce qui a lieu au journal *la France.* M. le vicomte de la Guéronnière, que sa dignité, j'entends celle de sénateur, empêche de signer, quoique son collègue au Sénat M. Michel Chevalier signe parfaitement dans *les Débats,* M. de la Guéronnière parvient-il jamais à dissimuler sa personnalité? Lorsqu'il descend de l'empyrée sénatorial pour répandre ses inspirations sur *la France*, est-il possible de s'y tromper, et les nuages dont il s'enveloppe ne trahissent-ils pas toujours la présence du dieu : *deus, ecce deus !*

C'est que chacun de ces écrivains a sa marque, c'est-à-dire son talent particulier, qui le recommande mieux auprès du public que sa signature. D'ailleurs le journalisme n'a pas que des *ténors* et des *premiers sujets ;* il compte dans ses rangs un grand nombre d'écrivains dont le rôle, pour être moins brillant, n'est pas moins d'une utilité incontestable. A ces écrivains qui contribuent au crédit et à l'autorité du journal, ne faut-il pas souvent un certain fonds de modestie pour signer des entre-filets, des analyses de documents, des extraits de correspondances de Shang-Haï ou de Valparaiso, ou même des bulletins politiques? Pour moi, qui dans ces dernières années n'ai guère rédigé que des bulletins, je n'ai jamais cru, je l'avoue, ma vanité ni ma responsabilité bien engagées à faire savoir à mes lecteurs que la *Gazette de Cologne* prétendait telle chose contrairement aux assertions de la *Gazette d'Augsbourg ;*

Ou qu'un grand meeting avait été tenu à Londres dans lequel l'assemblée, après avoir entendu lord ***, l'honorable *** et M. ***, avait adopté la motion suivante...;

Ou encore que les journaux de Constantinople nous apportaient la nouvelle d'une grande victoire remportée par les troupes ottomanes sur les insurgés candiotes, tandis que, d'après les correspondances d'Athènes, les Turcs auraient été complétement battus et mis en déroute ;

Ou enfin qu'une conspiration venait d'être découverte en Espagne, mais que, grâce à la fermeté des autorités militaires, les principaux chefs avaient été arrêtés, et que l'ordre continuait de régner à Madrid et dans les provinces.

C'est sans émotion d'aucune sorte, le cœur et la conscience parfaitement tranquilles, que j'ai toujours apposé ma signature à ces informations, et je crois que la plupart de mes confrères ne se montrent guère plus glorieux que moi.

Inutile aux uns, gênante pour les autres, la signature n'est réellement profitable qu'à ceux qui n'écrivent pas. Il peut, en effet, se rencontrer tel propriétaire ou tel gros actionnaire de journal qui, tenté de jouer un rôle et de paraître « sur la scène politique, » fera l'honneur de sa signature à des articles dont il n'aura pas écrit un traître mot. En se parant ainsi de plumes d'emprunt, on se donne une certaine importance, on devient écrivain à bon marché, on arrive à dire sans sourciller : « Mes idées ! mes articles ! » comme on dit superbement : « Mes rédacteurs ! » Mais enfin la loi de 1850 doit avoir un autre but que de satisfaire l'ambition de Mondor ou la vanité de M. Jourdain.

La meilleure preuve qu'elle n'est d'aucun avantage ni pour la presse ni pour le pouvoir, c'est que, dans les pays où les journaux ont le plus de liberté comme dans ceux où ils en ont le moins, on s'est bien gardé d'en importer les dispositions. Si la presse étrangère eût trouvé son intérêt à adopter la signature, elle n'eût certainement pas manqué de le faire ; si, de leur côté, les gouvernements étrangers eussent reconnu quelque utilité à cette mesure, ils se fussent empressés de la prescrire. Mais il n'en a rien été, on nous a laissé tout le bénéfice du brevet d'invention, il n'y a pas eu de contrefacteurs.

VI

Non-seulement l'obligation de la signature ne fournit aucune garantie au gouvernement, mais elle lui suscite des embarras, ainsi que l'attestent les contradictions du nouveau projet de loi.

D'une part, ce projet propose de n'appliquer aux délits de presse qu'une peine pécuniaire en supprimant la peine de l'emprisonnement qui frappe l'écrivain. De l'autre, il demande qu'aucun journal ne puisse être signé par un membre du Sénat ou du Corps législatif en qualité de gérant responsable.

Ces deux propositions, auxquelles la commission a acquiescé, sont, si je ne me trompe, la condamnation la plus complète des dispositions de la loi de 1850.

Il n'est pas assurément un journaliste qui n'applaudisse à la première ; mais pour la justifier quelles raisons l'Exposé des motifs fait-il valoir ?

« La détention devient pour l'écrivain un piédestal.

» Substituer à la peine de l'emprisonnement une peine
» pécuniaire sérieuse... c'est mieux proportionner la
» pénalité à la nature du fait qu'on veut atteindre ;
» c'est le réprimer à la fois avec plus de justice et
» d'efficacité : avec plus de justice, puisqu'on tient
» compte des vivacités d'une polémique qui a rare-
» ment le temps de se recueillir et de calculer ; avec plus
» d'efficacité, puisqu'on frappe directement l'entreprise.
» La peine pécuniaire, atteignant le cautionnement,
» oblige nécessairement le journal à faire sa propre
» police pour sauvegarder sa propre fortune et se sau-
» ver lui-même. » Le Rapport de la commission insiste
sur les mêmes considérations.

Mais le premier piédestal, n'est-ce pas la signature, et
dans quel intérêt l'exiger, si vous substituez à la responsabilité personnelle de l'écrivain la responsabilité
collective du journal, si, au lieu de frapper l'individu,
vous voulez frapper l'entreprise ? L'auteur d'un article
incriminé continuera de comparaître en justice, mais
plutôt comme spectateur que comme prévenu : il s'en-
tendra condamner personnellement, mais la peine pas-
sera par-dessus sa tête pour aller atteindre la gérance.
Que signifie alors sa présence devant les tribunaux ? Que
signifie sa signature dans le journal ?

Autre inconséquence :

Vous interdisez à tout membre du Sénat et du Corps
législatif d'être gérant responsable d'un journal, et le
motif que vous donnez de cette interdiction, c'est que
« l'immunité personnelle qui ne permet de poursuivre,
» soit un sénateur, soit un député, pendant le temps

» des sessions, qu'avec l'autorisation de ses pairs, cou-
» vrirait le journal signé par le sénateur ou le député
» en qualité de gérant. »

Vous faites remarquer « qu'en pareille matière la
» répression n'est efficace que par sa célérité, que le
» ministère public préférerait dans beaucoup de cas
» renoncer à la poursuite plutôt que d'attendre une
» autorisation ; qu'ainsi il y aurait deux catégories de
» journaux, les uns exposés à la poursuite, les autres
» protégés contre elle par la qualité de leur propre
» gérant (1). »

Soit! Vous n'entendez pas cependant et vous ne
pouvez pas interdire aux sénateurs et aux députés
d'écrire dans une feuille politique. Eh bien! en maintenant l'obligation de la signature, vous tombez précisément dans l'inconvénient que vous voulez éviter. Qu'un
article portant la signature d'un membre du Sénat ou
du Corps législatif soit publié dans un journal pendant
la durée d'une session et qu'il contienne un délit : que
fera le ministère public? S'arrêtera-t-il devant la pré-
rogative parlementaire ou sollicitera-t-il l'autorisation?
Dans le premier cas, le journal sera protégé par la qualité du signataire; dans le second, le but qu'on se
propose, c'est-à-dire la célérité de la répression, sera
complétement manqué.

Ce n'est pas tout. Comme si les contraventions créées
par la loi de 1850 ne suffisaient pas, le projet de loi en
crée deux nouvelles : l'une relative à la publication
d'un article signé par une personne privée de ses droits

____

(1) Exposé des motifs.

civils, l'autre à la publication d'un article signé par une personne à laquelle le territoire de la France est interdit.

Ainsi, ce qui fait naître ici la contravention, ce n'est pas l'article, c'est la signature seule. L'article pourra être parfaitement inoffensif : le nom apposé en bas sera toujours coupable.

Au lieu d'enrichir encore le code de la presse de pénalités nouvelles, ne serait-ce pas le cas d'appliquer ce principe qu'il vaut mieux prévenir que réprimer? Puisque la contravention consiste dans le fait seul de la signature, vous avez un moyen bien simple de la prévenir. Supprimez la loi de 1850, il n'y a plus matière à contravention : vous la faites disparaître, et vous n'empêchez pas le prince Louis-Bonaparte d'adresser au *Progrès du Pas-de-Calais* des articles qui plus tard deviendront le thème des *Idées napoléoniennes*.

Sous quelque aspect que l'on considère la mesure adoptée il y a dix-sept ans par l'Assemblée législative, on se heurte, comme on le voit, à une difficulté. Jamais la presse n'a été plus florissante, plus autorisée, plus riche en talents qu'à l'époque où les articles n'étaient pas signés. La signature a pu grandir un petit nombre de journalistes, mais très-certainement elle a abaissé le journal. Dussent quelques amours-propres en souffrir, il importe donc de revenir aux anciens errements. La suppression de cinq ou six contraventions vaut au reste bien la peine qu'on fasse le sacrifice d'un peu de vanité.

VII.

J'aborde maintenant une question d'un autre ordre, celle de la juridiction du jury pour les délits de presse, juridiction que l'Exposé des motifs et le Rapport de la commission écartent par les mêmes arguments.

Sans aucun doute, s'il s'agissait de désarmer le pouvoir ou même d'affaiblir les garanties d'une juste répression, il ne pourrait exister la moindre hésitation parmi les défenseurs de l'ordre. Mais la juridiction du jury n'est pas une nouveauté. Elle a fonctionné pendant plus de vingt ans sous des régimes où les journaux étaient plus libres qu'aujourd'hui, et il y aurait de l'ingratitude à oublier les services éminents, qu'elle a rendus. Dans les circonstances les plus troublées, elle est restée à la hauteur de son rôle, sans se laisser aller à de coupables faiblesses envers la presse, ni à une lâche condescendance envers les pouvoirs existants. Mandataire de l'opinion publique, elle a su réprimer avec fermeté les appels et les excitations qui s'adressaient à l'opinion publique pour la fausser ou l'inquiéter.

Puisque l'administration abdique la direction à peu près complète de la presse, dont le décret de 1852 l'avait investie, n'est-il pas équitable de rétablir le jury dans ses anciennes attributions, de lui rendre ce qui lui appartenait avant la promulgation du décret?

La première objection qu'on élève contre cette restitution, c'est que les délits de presse ne diffèrent pas des délits du droit commun, et qu'en les déférant au jury on établirait en leur faveur une juridiction exceptionnelle. La presse n'a aucun droit à une position privilégiée; elle doit subir le niveau commun : la justice est égale pour tous.

On comprendrait cette fin de non-recevoir si le législateur n'avait pas toujours fait à la presse une situation à part. Qu'est-ce que le code de la presse, sinon un code exceptionnel? Que sont toutes les lois sur la presse, depuis la loi de 1819 jusqu'au projet soumis actuellement au Corps législatif, sinon des monuments d'une législation exceptionnelle? Si l'on consent à abroger toutes ces lois qui s'enchevêtrent les unes dans les autres, tant elles ont été maniées et remaniées suivant les besoins des temps et les exigences de la politique, si l'on veut faire rentrer la presse dans le droit commun, ainsi que le demande M. Émile Ollivier par son amendement, l'attribution de juridiction ne saurait évidemment faire question : pour les contraventions, le tribunal de simple police; pour les délits, la police correctionnelle; pour les crimes, le jury. Mais si l'on sent la nécessité de soumettre la presse à une législation spéciale, à une procédure distincte, comment peut-on invoquer, pour la juridiction, les règles ordinaires? Ces règles mêmes dont il revendique l'application, le projet de loi les observe-t-il scrupuleusement? Non, car il maintient l'assimilation des contraventions aux délits, afin de les faire juger par les tribunaux correctionnels.

Malgré toutes les habiletés de langage, il me paraît bien difficile de ranger les délits de presse parmi les délits de droit commun. L'opinion, d'accord en cela avec l'histoire, répugne à une confusion pareille. Quelle que soit la forme du gouvernement : — royauté, république ou empire, — le vol, l'escroquerie, l'abus de confiance, l'adultère, etc., ne changent ni de nature ni de caractère : ce sont autant d'infractions à la morale, qui est éternelle. En est-il de même des délits de presse, et n'a-t-on pas vu souvent tels de ces délits, punis sous un gouvernement, devenir des titres à la faveur de celui qui le remplaçait ? Depuis un demi-siècle, quelle diversité dans la manière de les comprendre, de les définir et de les réprimer ! La loi tantôt en étend le nombre et tantôt le restreint ; elle concède un jour ce qu'elle retire le lendemain ; elle rapproche ou recule la barrière que l'écrivain ne peut franchir impunément : le champ de la discussion permise s'élargit ou se resserre, les délits naissent ou disparaissent, selon que l'ordre politique se transforme ou même se modifie.

En établissant cette différence, je ne suis pas de ceux qui veulent l'impunité pour les excès de la presse : chaque gouvernement doit proportionner ses moyens de défense à la vivacité des attaques dont il est l'objet ; mais, pour la répression, quelle est la juridiction la plus naturelle, la plus en rapport avec le caractère des actes qu'il s'agit de punir, celle du jury ou celle des tribunaux correctionnels ? La logique et la raison s'accordent pour désigner la première. Lorsque la Restauration s'occupa pour la première fois de régler les conditions d'existence de la presse, elle avait à choisir entre ces deux juridictions ; elle n'hésita pas, et la compétence du jury en matière de délits fut inscrite dans la loi de 1819.

A cette époque, il ne vint à l'esprit de personne que cette attribution de compétence impliquerait une sorte de défiance envers la magistrature, et ceux qui le prétendent aujourd'hui ne s'aperçoivent pas qu'ils méconnaissent le principe même de l'institution du jury. Est-ce en effet par un sentiment de défiance que le législateur a substitué les jurés aux magistrats pour juger les crimes ? La magistrature s'est-elle crue amoindrie et a-t-elle été moins honorée du jour où elle a perdu cette partie de ses attributions? Assurément l'institution du jury n'a jamais été considérée comme une mise en suspicion de la magistrature; elle répond à un besoin de la civilisation moderne, elle a pour objet une distribution plus humaine de la justice.

Le magistrat se doit tout entier à la loi, et lorsqu'elle parle, il est obligé de faire taire ses propres sentiments. L'austérité de ses fonctions peut même, à la longue, le rendre inaccessible à ces émotions qui naissent de la pitié et qui portent à l'indulgence. C'est ce qu'un orateur du gouvernement, Treilhard, exprimait très-bien dans son discours sur le jury, lorsqu'il disait : « Les » jurés seront pénétrés d'un religieux respect pour le » malheur (car, jusqu'au moment de la condamnation, » il n'y a pas de coupable reconnu), respect qui s'affai- » blit sensiblement quand on a toujours devant soi le » spectacle de l'infortune; surtout ils n'auront pas con- » tracté une certaine insensibilité, dont on a tant de » peine à se défendre pour des maux dont on est habi- » tuellement le témoin. »

Voilà l'une des causes de l'établissement du jury :

Pour fournir aux accusés toutes les garanties possibles, pour ne priver leur défense d'aucun moyen de justification, d'atténuation ou d'excuse, on leur a donné des juges pris au milieu de la société, capables par leur expérience du monde de comprendre les divers mobiles des passions humaines, dont le cœur s'ouvre à tous les sentiments et l'esprit à toutes les appréciations, et qui pour se décider ne relèvent que de leur conscience.

En substituant le juré au magistrat pour la connaissance des crimes de droit commun, c'est *l'homme* que l'on a constitué juge des actes qui portent la plus grave atteinte à l'ordre social.

En remplaçant le magistrat par le juré pour statuer sur les crimes et délits commis par la presse, comme l'a fait la loi de 1819 et plus tard la loi de 1830, confirmée par celle de 1848, c'est le *citoyen* qu'on appelle à se prononcer sur des actes qui peuvent jeter le plus grand trouble dans l'ordre politique.

Ces deux compétences se tiennent : elles ne sont ni l'une ni l'autre un témoignage de méfiance contre la magistrature ; elles n'ont rien d'exceptionnel ; elles ne créent aucune position privilégiée.

VIII

Il n'est pas à craindre que la magistrature devienne jamais en France un instrument de règne. Elle est trop pénétrée de la grandeur de sa mission, elle porte trop haut le respect de ses fonctions, pour ne pas toujours conserver la sereine impartialité qui en est le lustre et qui en fait l'autorité. Mais dans l'intérêt même de la juste considération dont elle est entourée, convient-il qu'elle soit mêlée aux choses politiques? Beaucoup d'esprits sérieux ne le pensent pas, et le passé semble leur donner raison. L'opinion publique incline malheureusement trop souvent à soupçonner l'homme de parti dans le juge. Qu'on se rappelle ces nombreux procès intentés aux journaux sous la Restauration, dont les tribunaux retentirent, après que la loi de 1822, revenant sur l'œuvre de 1819, eut déféré les délits de presse à la magistrature; qu'on se rappelle ces débats passionnés où brillait l'éloquence des Dupin, des Mérilhou, des Barthe, des Mauguin, et qui ont entaché d'une sorte d'impopularité les noms de magistrats honorables, dont le seul tort peut-être fut de ressentir trop vivement les effets de l'atmosphère ardente au milieu de laquelle ils se trouvaient jetés!

On a cité souvent ce mot de M. le président Séguier: « La Cour rend des arrêts et non des services. » Je crois qu'il n'est pas même bon pour la magistrature d'avoir eu besoin de dire un pareil mot. C'est une apologie, et la justice s'impose à tout le monde sans se justifier devant personne. Dans une récente plaidoirie, M. Crémieux a prétendu que les paroles de M. Séguier avaient été rapportées inexactement et qu'il fallait les rectifier ainsi : « La Cour rend des arrêts et des services. » C'eût été plus grave encore, car le premier président aurait donné une leçon au gouvernement en déclarant que la Cour le servait, malgré lui, par l'acquittement du *Journal des Débats*. La magistrature ne doit rendre ni des services complaisants qui la mettraient à la discrétion des pouvoirs politiques, ni des services hautains qui la placeraient au-dessus d'eux, comme les anciens parlements.

Pourquoi le principe tutélaire de son inamovibilité a-t-il été vivement attaqué dans plusieurs circonstances? Quel grief alléguait-on à l'appui de ces attaques? Un seul : l'intervention de la magistrature dans la politique. Les suspensions regrettables décrétées en 1848 n'ont pas eu d'autre cause : ce n'était pas le juge, mais l'adversaire signalé par l'ardeur de son zèle que l'on voulait frapper. Et certainement, à cette époque, on ne se serait pas contenté de ces demi-mesures isolées, si les procès de presse pendant la durée de la monarchie de juillet avaient été jugés par les tribunaux et non par le jury. Dans l'enivrement de la victoire, on serait allé plus loin : l'inamovibilité, cette garantie établie plus encore dans l'intérêt des justiciables que dans l'intérêt de la magistrature, eût disparu de nos institutions. La réparation ne se serait pas sans doute fait attendre, mais qui peut dire que la magistrature n'aurait pas souffert, pendant un certain temps, du coup qui lui aurait été porté?

Je ne sais si je m'abuse, mais à mon avis la plupart des raisons invoquées contre la juridiction du jury sont précisément celles qui militent en faveur de son adoption : les défauts qu'on lui reproche pour la faire écarter me semblent autant de qualités pour la faire accueillir.

On s'en prend surtout à l'origine du juré : « C'est un

juge improvisé, le juge d'un jour, le juge d'une heure, sorti de divers milieux sociaux (1), » et l'on exprime le doute qu'il puisse posséder toujours les connaissances nécessaires pour apprécier nettement un article de journal, pour en comprendre les nuances et en saisir les allusions perfides.

C'est justement parce que la magistrature du jury se renouvelle sans cesse qu'elle est plus apte que toute autre à juger les délits de presse. Ces délits, comme je crois l'avoir établi, ne participent en rien de la permanence de la plupart des délits de droit commun : ainsi tel article, considéré à une époque comme une hardiesse punissable, n'éveillera, à une autre époque, aucune susceptibilité. La criminalité réelle se détermine surtout par l'état des mœurs publiques, car les sévérités que l'opinion ne ratifie pas sont presque toujours d'injustes sévérités. On ne saurait nier que les journaux ne s'expriment aujourd'hui beaucoup plus librement qu'après 1852 : la législation n'a cependant pas été modifiée d'une manière sensible, mais ils usent de toute la liberté qu'on leur a laissée comme ils n'auraient pas osé le faire il y quinze ans. Ce qui les a amenés progressivement à cette confiance en eux-mêmes, confiance poussée quelquefois trop loin, c'est la tendance de l'opinion publique, favorisée dans une certaine mesure par le gouvernement lui-même. Si la presse excède son droit, si dans ses critiques elle franchit la limite que lui fixent les dispositions de l'esprit public encore mieux que les termes de la loi, où trouvera-t-on pour réprimer ses

(1) Exposé des motifs.

abus un juge placé dans des conditions plus favorables
que le juré, magistrat d'un jour, appelé des divers milieux sociaux auxquels s'adresse le journal?

Ne craignez pas que le caractère du délit, quelque
forme qu'il prenne, échappe à sa perspicacité: il suffit
de jeter les yeux sur les listes du jury, publiées tous
les quinze jours, pour être rassuré complétement à
cet égard. D'ailleurs un article de journal n'est pas fait
pour être étudié, mais pour être compris avec la même
rapidité qu'il a été écrit. On rapporte que M. Berville,
nommé avocat général à la Cour de Paris après la révo-
lution de 1830 et désigné pour soutenir l'accusation
dans plusieurs procès, se bornait à lire aux jurés les
articles poursuivis, en leur recommandant de se prononcer en leur âme et conscience. Le gouvernement
goûta peu cette manière de simplifier les débats, et
M. Berville fut vite remplacé sur le siége du ministère
public. Se trompait-il cependant? La lecture d'un écrit
incriminé ne constitue-t-elle pas, à elle seule, toute
l'instruction et tous les débats? De l'impression qui
résulte de cette lecture naît le jugement favorable ou
défavorable. Il faut que le délit de presse saute pour
ainsi dire aux yeux, car, en voulant rechercher la pensée de l'écrivain dans ses moindres replis, il est souvent
facile de s'égarer.

La loi, par la répression des délits de presse, n'a
pas d'autre but que d'empêcher le journal, dont l'action
s'exerce sur le public, de surprendre ou de passionner
l'opinion au moyen d'attaques injustes dirigées contre
les institutions. Si les nuances d'un article sont telle-

ment délicates, les épigrammes enveloppées avec tant
de soin, les traits aiguisés avec tant de finesse, qu'il
soit nécessaire d'employer la loupe pour les découvrir,
quelle influence ces ténuités, dont quelques personnes
peuvent se montrer friandes, exercent-elles sur l'opinion ? Aucune. Ne tombons pas dans les infiniment
petits : la pente est glissante, et de nuance en nuance
on risque d'arriver à ce qu'il y a de plus fâcheux, aux
procès de tendance. Un journal n'est pas rédigé pour
un nombre restreint de lecteurs, il est rédigé pour
tout le monde : eh bien! le jury, dans sa composition
mobile, représente tout le monde : il en a le bon sens,
la rectitude d'esprit, l'indépendance ; son verdict n'est
autre chose que le verdict de la foule dans les rangs
de laquelle il se recrute continuellement.

On objecte encore que le juré n'a pas suffisamment
« l'intelligence de la conservation nécessaire en politique, » qu'il pourra céder, dans certaines circonstances, à l'intimidation, et qu'il compromettra ainsi,
par son insuffisance ou par un sentiment de crainte,
les graves intérêts qui lui sont confiés. Ces inquiétudes
sont-elles mieux fondées? Pour contester l'esprit d'ordre
et de conservation du jury, il faudrait ne pas se souve-
nir de la part active qui lui revient dans l'affermisse-
ment de la monarchie de 1830. Pour mettre en doute
son courage, il faudrait avoir perdu la mémoire de son
attitude résolue pendant la période républicaine de
1848 à 1852. Le jury, on peut le dire, a été l'un des
plus fermes soutiens de la royauté de juillet; il l'a puis-
samment secondée dans ses commencements, il ne lui
a pas manqué lorsqu'elle paraissait solidement établie,

et il est resté étranger aux causes de sa chute. On ne saurait en effet signaler comme une de ces causes l'indulgence du jury envers la presse dans les dernières années ; ce n'était pas le jury qui faiblissait, c'était l'opinion publique dont il était l'interprète. Ses acquittements témoignaient du mécontentement qu'inspirait la politique gouvernementale, et si ce symptôme n'eût pas été négligé, comme tant d'autres, le roi Louis-Philippe ne serait pas mort en exil. Sous la République, au milieu des plus graves dangers, le jury n'a-t-il pas fait virilement son devoir ? A-t-il subi un seul jour la pression des journaux, alors si puissants, ou la pression de la rue, alors si menaçante ? N'est-ce pas le jury qui a réprimé toutes ces idées violentes, toutes ces propositions anti-sociales, toutes ces utopies désorganisatrices qui s'agitaient et se heurtaient dans la presse ? N'est-ce pas lui qui a frappé Proudhon et ses doctrines ?

Enfin on s'autorise même de l'intérêt des jurés pour repousser leur juridiction. On prétend que le juré, sans doute comme autrefois le préteur à Rome, ne doit pas s'occuper de causes peu importantes, et qu'en réclamant plus souvent son intervention pour statuer sur de simples délits on rendrait trop onéreux le sacrifice qu'il fait de son temps et de ses propres affaires. Comme si un délit de presse n'avait pas au moins l'importance d'un vol qualifié ! Comme si vingt-cinq ou trente procès de presse à juger annuellement dans toute l'étendue de la France surchargeraient beaucoup les rôles des cours d'assises ! Il faut en effet remarquer que sur les quarante-deux condamnations judiciaires prononcées en 1867, un certain nombre s'applique à de simples contraventions dont la connaissance ne peut appartenir qu'aux tribunaux. Ainsi donc, une trentaine d'affaires de plus, voilà le surcroît de travail qui serait imposé aux jurés : et certes ils ne s'en plaindraient pas, car ils savent que si leurs fonctions sont une charge, elles sont en même temps un honneur.

La plupart des objections que je viens de relever sont communes à l'Exposé des motifs et au Rapport de la commission. Cependant, tout en déclarant que la juridiction du jury est complétement inadmissible aujourd'hui, le Rapport ne désespère pas tout à fait qu'elle arrive à se faire accepter un jour, lorsque l'esprit public sera mieux formé et que les partis auront désarmé. Chose bien étrange, bien inexplicable, en vérité, que, dans un pays où le vote de tous a pu s'établir en toute liberté, le jury ne puisse conserver sans danger d'anciennes attributions, et que le tempérament politique, reconnu assez robuste pour supporter le suffrage universel, soit jugé trop faible pour s'accommoder d'un fait aussi simple que la juridiction du jury en matière de délits de presse! Pour moi, je considère cette juridiction comme l'une des conditions essentielles de toute loi libérale sur la presse. Ainsi que je l'ai rappelé, la Restauration l'avait inscrite dans sa première loi; si plus tard elle la supprima après le crime de Louvel, la monarchie de Juillet, après l'attentat de Fieschi, ne crut pas devoir y toucher dans les lois de septembre. Plus fort que la Restauration, plus populaire que la royauté de 1830, pourquoi l'Empire hésiterait-il aujourd'hui à l'adopter?

Soyons-en bien persuadés, toutes les franchises qu'on

pourra accorder profiteront pour le moins autant aux journaux du gouvernement qu'à ceux de l'opposition. La presse gouvernementale gagnera à ces franchises quelque chose de plus aisé, de plus vivant, de plus spontané dans son allure. On lui reproche souvent l'excès et la banalité de ses éloges : c'est qu'il est toujours beaucoup plus facile de louer un gouvernement que de le défendre. Il n'est pas besoin d'un grand fonds de logique ni d'une forte étude pour s'écrier : « C'est splendide ! c'est magnifique ! » il suffit d'un peu de voix ; mais il faut des raisons solides, une discussion sérieuse pour prouver simplement que « c'est bien. » Malheureusement, il n'est pas rare que les hommes du pouvoir se croient suffisamment défendus lorsqu'ils sont loués à outrance. C'est une illusion qu'on doit s'attacher à détruire. Certainement les talents ne manquent pas dans la presse gouvernementale, mais peut-être demanderaient-ils un peu plus d'air et d'espace pour se développer. Ce besoin, la loi soumise au Corps législatif le satisfera, surtout si, comme je l'espère, elle est améliorée. Jusqu'à présent, la défense a été plus gênée, ou du moins plus restreinte que l'attaque : cela tient, entre autres causes, à ce qu'on n'osait pousser trop fort des adversaires que des sévérités imprévues pouvaient atteindre. Un régime plus libéral fera cesser cette inégalité. Je ne dis pas que le gouvernement sera, sur tous les points et dans toutes les circonstances, défendu comme il voudrait l'être, mais peut-être le sera-t-il d'une façon plus utile pour ses véritables intérêts.

IMPRIMERIE CENTRALE DES CHEMINS DE FER.— A. CHAIX ET Cie RUE BERGÈRE, 20, A PARIS.—94-8